Carolina Michelini

Uma aventura filosófica

Ilustrações de
Michele Iacocca

1ª edição
2016

© CAROLINA MICHELINI, 2016

COORDENAÇÃO EDITORIAL: Lisabeth Bansi
ASSISTÊNCIA EDITORIAL: Patrícia Capano Sanchez
COORDENAÇÃO DE EDIÇÃO DE ARTE: Camila Fiorenza
ILUSTRAÇÕES DE CAPA E MIOLO: Michele Iacocca
DIAGRAMAÇÃO: Michele Figueredo
COORDENAÇÃO DE REVISÃO: Elaine C. del Nero
REVISÃO: Thiago Dias
COORDENAÇÃO DE BUREAU: Rubens M. Rodrigues
TRATAMENTO DE IMAGENS: Marina M.Buzzinaro
PRÉ-IMPRESSÃO: Everton Luis de Oliveira
COORDENAÇÃO DE PRODUÇÃO INDUSTRIAL: Andrea Quintas dos Santos
IMPRESSÃO E ACABAMENTO: A. R. Fernandez
LOTE: 210405/210406

Dados Internacionais de Catalogação na Publicação (CIP)
(Câmara Brasileira do Livro, SP, Brasil)

Michelini, Carolina
　　Diógenes e o vaga-lume: uma aventura filosófica / Carolina Michelini; ilustrações Michele Iacocca. – 1. ed. – São Paulo: Moderna, 2016.

　ISBN 978-85-16-10475-7

　　1. Filosofia - Literatura infantojuvenil
2. Literatura infantojuvenil I. Iacocca, Michele. II. Título.

16-04603　　　　　　　　　　　　　　CDD-028.5

Índices para catálogo sistemático:

1. Literatura infantil 028.5
2. Literatura infantojuvenil 028.5

Reprodução proibida. Art.184 do Código Penal e Lei 9.610 de 19 de fevereiro de 1998.
Todos os direitos reservados

EDITORA MODERNA LTDA.
Rua Padre Adelino, 758 – Belenzinho
São Paulo – SP – Brasil – CEP 03303-904
Vendas e atendimento: Tel. (11) 2790-1300
www.modernaliteratura.com.br
2016
Impresso no Brasil

Apresentação

Diógenes e o vaga-lume é um convite para pensar, refletir e conhecer um pouquinho dos filósofos, da filosofia e sua história e até se divertir com isso.

O inteligente e sensível Diógenes reflete sobre o mundo, a vida, as pessoas queridas e sobre tudo o que está a sua volta.

Quantas perguntas! Será que alguém pode ajudar a responder?

Eis que aparece um vaga-lume falante que convida Diógenes para uma estranha e curiosa aventura: um passeio clandestino na biblioteca do avô! Como? O vaga-lume mostra e ilumina o caminho com sua luz intermitente: como entrar, o que procurar, como achar.

Uma linda, alegre e fascinante aventura, feita de mistério, vontade, curiosidade, medo, coragem, alegria, amizade, cumplicidade, admiração, respeito e aprendizado.

Você vai se apaixonar por Diógenes e suas aventuras, além de descobrir que pensar pode ser divertido e prazeroso!

Aprender a pensar e a refletir é essencial para a vida e a liberdade intelectual e afetiva. A reflexão e o entendimento nos livram de preconceitos e obtusidades de todos os tipos.

Aceite este nosso carinhoso convite para pensar!

Prefácio

– Diógenes?! Que nome engraçado!

– É o nome de um filósofo grego – respondeu Diógenes. – Foi meu avô quem sugeriu, e meus pais gostaram muito. Meu avô é apaixonado por filosofia e, quando perguntei, ele me contou quem era Diógenes.

– Ahm?

– Diógenes foi aquele filósofo que morava num barril e andava pelas ruas com uma lanterna em plena luz do dia. Todos achavam graça e perguntavam por quê, e ele respondia que estava procurando um homem honesto.

– Então não é só o nome, ele também era engraçado!

– E quando Alexandre Magno, O Grande Conquistador, foi visitá-lo e perguntou se Diógenes queria alguma coisa, ele respondeu:

– Sim, quero que você saia da minha frente porque está me tapando o Sol.

– Hahaha! Genial!

Diógenes pensa

Diógenes é um menino como todos os outros, um pouco tímido, bastante curioso. Ele frequenta a escola, tem amigos, conhece pessoas com as quais se dá bem.

Por outro lado, vê e ouve falar de violência, miséria, corrupção, injustiças, guerras, crimes, problemas com o meio ambiente.

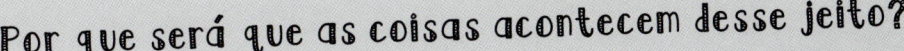

Diógenes pensa: Por que será que as coisas acontecem desse jeito?

Diógenes tem um gato muito esperto, que fica na dele. Silencioso e preciso em cada movimento.

E um cachorro babão, trambolhento, muito carinhoso, que derruba tudo por onde passa.

Diógenes pensa: Por que será que os animais são tantos e um é tão diferente do outro?

Diógenes tem uma irmã que não quer nem que ele passe na frente do quarto dela.

E um irmão mais velho que, quando está com os amigos, não quer que ele se aproxime.

Diógenes pensa: Por que será que minha irmã tem tanto ciúme de suas coisas? E por que será que meu irmão tem tanto ciúme de seus amigos?

Tem dias em que os pais de Diógenes estão alegres, bem-humorados, trocando carinhos.

E tem dias em que um grita com o outro, manifestando raiva e ameaçando.

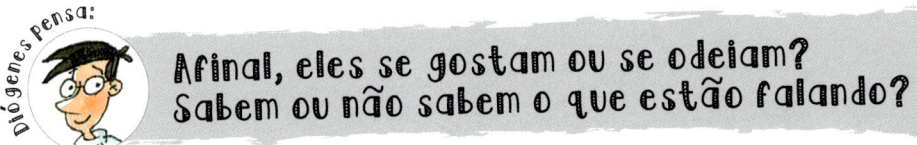

Diógenes pensa: Afinal, eles se gostam ou se odeiam? Sabem ou não sabem o que estão falando?

A avó do Diógenes gosta de assistir à TV, principalmente a certos programas...

E o avô passa o dia na biblioteca, folheando, lendo e relendo seus livros. Arrumando e rearrumando as estantes, ora em ordem alfabética dos títulos, ora pelo assunto, ora pelo autor.

Eu queria mesmo entender melhor o que é o mundo, a natureza e as pessoas, entender melhor como eu sou, o que se passa comigo, e ser um cara legal!

Diógenes tem um encontro depois de um incidente no jardim

Começa a grande aventura de uma sombra e uma luz piscante na biblioteca do vovô

Naquela mesma noite, uma sombra e uma luz piscante subiram a escada e atravessaram o corredor que dava na porta da biblioteca do vovô. Tudo no maior silêncio. O pisca-pisca iluminando o caminho.

– Trou•xe o gram•po? – perguntou a luz piscante.

– Trouxe – respondeu a sombra. – Peguei um da minha irmã.

– Se e•la des•co•brir, vai fa•zer o mai•or es•cân•da•lo.

– Depois eu devolvo, ela nem vai perceber.

– Ó•ti•mo!

A luz piscante entrou no buraco da fechadura:

– A•go•ra põe o gram•po – falou lá de dentro.

A sombra pôs o grampo no buraco da fechadura.

– Em•pur•re mais um pou•co e a•per•te o gram•po de ci•ma pa•ra bai•xo.

A sombra obedeceu.

– A•go•ra vi•re tu•do pa•ra a es•quer•da.

CLIC.
E a porta abriu.

Diógenes e o vaga-lume entraram na biblioteca.

A biblioteca não era muito grande, mas tinha muitos livros. Dava para perceber que era o xodó do avô.

As estantes bem organizadas, muito bem arrumadas, nada fora do lugar.

Tudo dividido por assunto, e cada assunto com sua plaquinha de identificação: literatura nacional, literatura estrangeira, história...

Até fotografia, cinema, teatro, tinha.

Diógenes olhava curioso para o acende-apaga piscante do vaga-lume, voando entre as estantes, como dentro de um labirinto. Uma brincadeira mágica e divertida.

De vez em quando Diógenes parava, puxava um livro, olhava o título, o nome do autor, o desenho da capa.

"Como será a história?", pensava. E colocava de novo no lugar.

– Nunca tinha entrado aqui! – disse para o vaga-lume.

– Não sei se por falta de querer ou porque o vô nunca me convidou, achando que eu era muito pequeno para me interessar pelos livros dele.

E o vaga-lume:

– Po•de ser u•ma coi•sa ou ou•tra.

– Mas eu estou gostando muito.

– En•tão vem a•trás de mim!

Diógenes foi seguindo o vaga-lume, que parou em cima de uma estante onde tinha uma placa. Na luz piscante, Diógenes leu:

FI–LO–SO–FI–A

– É a•qui – falou o vaga-lume. – A•qui es•tá o que vo•cê pro•cu•ra.

O vaga-lume deu uma volta e parou em cima de um livro.

Na capa estava escrito: "Uma Introdução à Filosofia".

– Vai dan•do u•ma o•lha•da – disse o vaga-lume.

– A•pos•to que vai gos•tar!

Curioso, Diógenes foi abrindo o livro e lendo.

"A palavra *filosofia* vem do grego antigo e é composta de duas palavras: *filo*, que vem de *filia* e significa amor, gosto, amizade, e *sofia*, que quer dizer sabedoria".

– En•fim – respondeu o vaga-lume. – É gos•tar do sa•ber... A•pren•der a pen•sar com a pró•pria ca•be•ça e a ter o•pi•ni•ão pró•pria.

– Exatamente o que eu quero! Agora fiquei curioso.

– En•tão va•mos con•ti•nu•ar?

– Claro! Amanhã quero voltar! – disse Diógenes, colocando o livro no lugar.

Os dois saíram silenciosamente, do jeito que tinham entrado, e voltaram para o jardim.

Onde o avô suspeita de algo

No dia seguinte, todos à mesa, na hora do almoço.

Diógenes tinha acabado de chegar da escola. Olhou para a irmã, para ver se estava tudo normal.

Estava! Inclusive porque ela foi logo implicando com ele, que tinha mexido na caixa de lápis de cor dela e tal.

E ele tinha mexido mesmo, até para despistá-la do lance do grampo. Mas não falou nada.

– Confessa – falou a irmã.

– Não dá para se comer em paz uma única vez nesta casa? – falou a mãe.

– Engraçado – emendou o avô. – Eu também, hoje de manhã, subi até a biblioteca e, mesmo estando tudo em ordem, tive a sensação de que alguém tinha entrado lá.

– Eu que não fui – falou a avó.

– Nem eu – emendou a irmã.

– Mexeram em alguns livros. Quem poderia ser?

– Quem é que vai mexer nos seus livros, pai?! Só o senhor, mesmo! – falou o pai de Diógenes.

– Mas, desta vez, não fui eu e, que saiba, não sou sonâmbulo – disse o avô.

– Eu ouvi você entrando no seu quarto bem mais tarde ontem à noite – disse a irmã para Diógenes. – Onde você estava?

– Eu? Fiquei no jardim sentado, olhando para o céu – respondeu Diógenes.

– Não faça mais isso – disse a avó. – É muito perigoso a essa hora.

– Estava tudo fechado direitinho e não tinha sinal algum de arrombamento. Mesmo assim, acho que alguém entrou na biblioteca – repetia o avô, como se estivesse falando consigo mesmo.

– Essa sua mania de livros ainda vai te deixar doido igual ao Dom Quixote – disse a avó.

– Bah! Deve ter sido mesmo só impressão – concluiu o avô. E tudo ficou na santa paz!

A farra na biblioteca

À noite, depois que todos foram dormir, Diógenes saiu do seu quarto e foi para o jardim esperar a chegada do vaga-lume.

Os dois subiram em silêncio e entraram na biblioteca do mesmo jeito, como na noite anterior.

O vaga-lume já foi indicando o caminho.

– É por a•qui, do la•do les•te!

– Como você sabe que por aqui é o lado leste?

– Bi•cho que vo•a tem bús•so•la na•tu•ral.

E Diógenes foi indo atrás do vaga-lume.

Chegaram rapidamente à estante de livros de filosofia. O vaga-lume voltou a pousar sobre o livro de introdução.

Diógenes pegou o livro, sentou-se no chão, e foi lendo com a ajuda do pisca-pisca do vaga-lume.

"O primeiro a usar a palavra "filosofia" foi Pitágoras, que era grego, nascido na Ilha de Samos, em aproximadamente 570 a.C. Mas, antes dele, na China, na Pérsia e na Índia já havia pensadores que buscavam a sabedoria, desde o século oitavo antes de Cristo".

– Nossa! – exclamou Diógenes. – Mais de 2.700 anos atrás!

– Já i•ma•gi•nou?!

– O que será que eles ensinavam?

Diógenes foi lendo e seu pensamento foi voando, voando tão longe no tempo... Para ouvir Buda, Zaratustra, Lao-Tsé e Confúcio.

Buda (palavra que significa "o iluminado") nasceu na região do atual Nepal e era nobre e rico. Chamava-se Siddartha Gautama e viveu luxuosamente até os 20 anos de idade, quando decidiu sair de casa para viver na pobreza.

"Pratiquem a bondade, não criem sofrimento, dirijam a própria mente."

"O mundo se equilibra entre duas forças: o bem e o mal, sendo que o bem tem que vencer o mal."

Zaratustra ou **Zoroastro** nasceu na Pérsia, onde agora é o Irã. Dizem que nasceu rindo. Aos 30 anos foi viver numa caverna na montanha. Costumava ter visões, lia o futuro nas chamas das fogueiras e era poeta.

Lao-Tsé, importante pensador da China antiga, quer dizer velho mestre. Não se sabe se ele existiu de fato ou se é uma lenda.

"A principal conquista do ser humano é a bondade, e é muito importante reconhecer e corrigir as próprias falhas."

"Quem conhece os outros é sábio. Quem conhece a si mesmo, é iluminado."

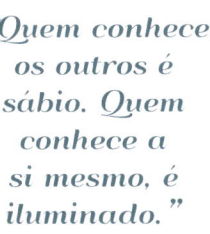

Confúcio, um dos mais importantes filósofos de todo o Oriente, só começou a divulgar seus ensinamentos aos 50 anos, e foi muito influente. Antes, ficou famoso como professor e ministro da Justiça. Deixou o cargo por causa de intrigas.

– A•go•ra, va•mos pa•ra a Gré•cia – falou o vaga-lume.

– Já sei! Onde nasceu a palavra filosofia – lembrou Diógenes. – Deve ser um lugar bem bonito!

– Tem mon•ta•nhas, mui•to mar e mui•tas i•lhas.

– Como você sabe?

– É só o•lhar no ma•pa!

– Então, vamos para a Grécia! – disse Diógenes, já navegando no pensamento.

Os gregos são considerados os verdadeiros criadores da filosofia.

Até por volta do ano 600 a.C., ainda se acreditava que tudo o que acontecia era por vontade dos deuses, que tinham as mesmas características e defeitos dos humanos.

Foram eles, os gregos, que mudaram isso usando o pensamento e a razão para entender as coisas.

Isso possibilitou o desenvolvimento das ciências, da matemática e das artes, dando a maior contribuição à história da nossa civilização.

Tales de Mileto foi quem começou a usar a razão para explicar a natureza e seus fenômenos.

"O homem rico nem sempre é sábio, mas o homem sábio é sempre rico."

Pitágoras foi um filósofo e matemático grego. Seus discípulos, os pitagóricos, eram dedicados principalmente à matemática e a fizeram progredir. Eles desenvolveram, por exemplo, a tabuada.

"Educai as crianças e não será preciso punir os homens."

Sócrates foi um filósofo muito importante da Grécia antiga. Dizem que tinha uma alma encantadora, um físico fortíssimo e suportava bem todas as provações, tanto físicas quanto espirituais.

Para Sócrates, a primeira condição para a busca do conhecimento é a consciência da própria ignorância.

"Só sei que nada sei", ele dizia.

"Conhece-te a ti mesmo."

Platão foi o mais importante e fiel discípulo de Sócrates. Na verdade, chamava-se Arístocles (nome de seu avô). Dizem que ganhou o apelido de "Platão" pois acredita-se que tinha um belo físico e ombros largos, e a palavra Platôs, em grego, significa amplitude, largueza, extensão.

Ele expunha suas ideias em forma de diálogos e gostava de inventar histórias para explicar sua filosofia. Uma de suas histórias mais famosas é o mito da caverna.

"Onde não há igualdade, a amizade não perdura."

Aristóteles foi discípulo de Platão. Foi também professor de Alexandre Magno. Fez profundas pesquisas nos mais variados campos do conhecimento e deixou uma vasta obra escrita. É chamado, por isso, de "O Filósofo" por excelência.

"A dúvida é o princípio da sabedoria."
"O ignorante afirma, o sábio duvida, o sensato reflete."
"A educação tem raízes amargas, mas seus frutos são doces."

O filósofo **Diógenes** dizia que para ser feliz é preciso pouco. Quanto mais se eliminam as necessidades supérfluas, mas se é livre e feliz!

"O poder da inteligência é mais forte que o poder material."

Diógenes continuou lendo.

– Olha só! – falou, enfim. – Aqui diz que, por volta de 150 anos antes de Cristo, a Grécia foi conquistada pelos romanos, mas foram eles, os romanos, que acabaram influenciados pela cultura grega e pela maneira de pensar dos gregos. Até seguiram sua filosofia!

– Vo•cê sa•be quem e•ram os ro•ma•nos?

– Sei. Eu já vi muitos filmes de romanos com imperadores e gladiadores.

– Tam•bém e•xis•ti•am fi•ló•so•fos.

– Estou lendo aqui: Boécio, Sêneca, Cícero, Epíteto, Marco Aurélio.

"Por volta do ano de 450 depois de Cristo o Império Romano também acabou conquistado pelos bárbaros. Começou um período chamado Idade Média. Nesse período, o cristianismo, que já vinha crescendo na época de Roma, ficou ainda mais forte, e a filosofia passou a ter como base o pensamento religioso cristão. Os grandes filósofos desse período foram Santo Agostinho e São Tomás de Aquino."

Santo Agostinho nasceu em Tagaste (norte da África). Durante a juventude, foi professor de filosofia. Mudou todo o seu modo de pensar e sua filosofia depois que se converteu ao cristianismo, influenciado pela mãe, Santa Mônica, que era uma cristã fervorosa.

"Não basta fazer coisas boas. É preciso fazê-las bem."

São Tomás de Aquino decidiu entrar para a vida religiosa ainda muito jovem e, embora sua família fosse contra, sua decisão foi irrevogável.

"A humildade é o primeiro degrau para a sabedoria."

– Nossa! Quanta coisa boa a gente leu!

– É mes•mo! Mas a•go•ra es•tá na ho•ra de ir!

Diógenes recolocou tudo no lugar. Fechou a porta direitinho, e os dois saíram para o jardim.

Comentários sobre tudo o que aconteceu até agora

O fantasma da biblioteca

A primeira a falar, na hora do almoço, foi a avó:

– E aí? Ainda cismado com a biblioteca?

– Não – respondeu o avô. – Mas acho que nesta casa tem fantasmas. E fantasmas que gostam de filosofia.

– Como assim?

– Pois é, eu fui lá esta manhã, estava tudo em ordem, como sempre deixo, tudo fechado, nada fora do lugar, mas "alguém" mexeu nos meus livros de filosofia.

"Como será que ele percebe?", – pensou Diógenes.

– E como? – continuou a avó.

– Se eu soubesse! Só se ficar lá de tocaia pra descobrir.

– Não se atreva – falou a avó. – Primeiro porque o médico mandou você dormir cedo, depois porque é muito perigoso ficar lá sozinho e, se for um fantasma, vai ser pior ainda!

– Você acredita em fantasmas, vô? – perguntou a irmã de Diógenes.

– Claro que não!

– Pois eu acho que existem! – falou ela olhando para Diógenes. – E bem barulhentos, que ficam andando por aí até altas horas, acordando e assustando a gente.

– Fantasmas não fazem barulho, sua ignorante – falou o irmão maior.

– O cachorro é que não foi – falou a irmã. – Esse bicho está sempre dormindo nessas horas.

– Então foi o fantasma do Platão – falou o pai, rindo.

– Vô, você leu os diálogos do Platão? – perguntou Diógenes, para desviar a conversa.

– Claro! – respondeu o avô. – E garanto a você que valeu muito a pena. A propósito, você sabia que a palavra "platônico" vem mesmo de Platão?

– Por quê, vô?

– Porque Platão acreditava que existia um mundo ideal, muito melhor e mais verdadeiro do que este em que vivemos. Por isso usamos a expressão "amor platônico" para definir o amor ideal.

– Brigadão, vô! Gostei muito!

O avô, depois, ficou até com a pulga atrás da orelha, mas, pensando melhor, achou meio difícil, até pela idade, ser Diógenes o tal "fantasma".

A farra continua

À noite, Diógenes e o vaga-lume, depois do encontro no jardim, foram para a biblioteca.

– Você olhou bem se não tinha ninguém? – perguntou Diógenes.

– Tu•do lim•po! – respondeu a luz piscante.

– O vovô anda meio desconfiado; é bom tomar cuidado e ficar atento.

– Trou•xe o gram•po?

– Trouxe!

Diógenes abriu e fechou a porta sem fazer barulho.

De novo no labirinto mágico!

– Por a•qui – disse o vaga-lume.

– Agora já sei – respondeu Diógenes.

– E agora, o que será que vai ter?

– U•ma é•po•ca lin•da! Na•ve•ga•ções e na•ve•gan•tes... – respondeu o vaga-lume.

– Oba! Eu adoro o mar!

– Eu pre•fi•ro o ar!

Por volta do ano 1500 d.C., época das grandes navegações, novos mundos foram descobertos e, com eles, novas culturas, modos de viver. Isso provocou muitas mudanças no mundo ocidental e em seu modo de ver o ser humano.

Foi um período que mexeu com a economia, os costumes, as artes e mudou a maneira de pensar. Surgiu o movimento chamado Renascimento, que começou na Itália e causou um distanciamento da religião e suas crenças para dar mais valor ao ser humano e à liberdade de pensamento. Também foi um período em que foi muito estimulada a pesquisa científica.

Um dos maiores representantes desse período foi Leonardo da Vinci.

Ele foi um pensador que não se interessava só por filosofia. Foi pintor, escultor, inventor, poeta, músico, escritor, anatomista, arquiteto, engenheiro, matemático, físico, químico, mecânico, fisiólogo, botânico, geólogo, cartógrafo. Enfim, era um gênio.

Pintou *A Última ceia* e a *Mona Lisa*, considerados os mais belos quadros de todos os tempos.

Ele mantinha cadernos de anotações, diários nos quais relatava tudo, observações, curiosidades, reflexões, desenhos, considerações sobre fatos e problemas etc.

Escrevia de trás para a frente, em espelho, para manter segredo.

"Todos nós chegamos ao mundo cheios de curiosidade, e é esta a base para a busca contínua de conhecimento."

Essa nova filosofia, que valorizava mais o ser humano, com sua maneira de pensar e ver as coisas, acabou gerando um movimento chamado Iluminismo. Era um movimento de total confiança na razão e em todo tipo de conhecimento, da natureza, da ciência e de si mesmo.

O maior representante dessa cultura é Voltaire, que na verdade se chamava François-Marie Arouet. Passou a usar o pseudônimo Voltaire por causa das perseguições políticas que o levaram duas vezes para a prisão na Bastilha.

Foi poeta, escritor, dramaturgo, ensaísta, ativista político e filósofo.

"A leitura engrandece a alma."
"Todas as riquezas do mundo não valem um bom amigo."

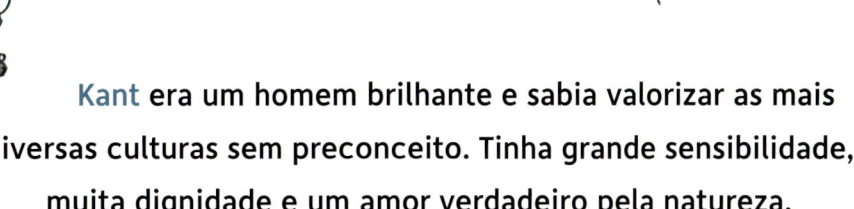

Kant era um homem brilhante e sabia valorizar as mais diversas culturas sem preconceito. Tinha grande sensibilidade, muita dignidade e um amor verdadeiro pela natureza.

Ele era tão pontual e metódico que, conta-se, as donas de casa atualizavam o relógio quando ele saía para sua caminhada.

Para Kant, o pensar era uma ciência que levava ao mesmo resultado concreto da física.

"Ouse saber!"
"Podemos julgar o coração de um homem pela forma como ele trata os animais."
"O sábio pode mudar de opinião. O idiota nunca."

E, enfim, alguns filósofos modernos.

Karl Marx escreveu sobre a luta de classes, a exploração do homem pelo próprio homem e sobre desigualdades, injustiças, desumanidades.

Ele idealizou um sistema econômico que recebeu o nome de socialismo ou comunismo, diferente daquele em que vivemos, que é o capitalismo. Seu livro mais famoso, *O capital*, fala disso.

"O amor é o meio de o homem se realizar como pessoa."

Sigmund Freud, conhecido como o pai da psicanálise, era médico e estudou anatomia cerebral. Percebeu que nem todas as doenças eram físicas. Algumas eram de origem misteriosa. Começou a estudar coisas que não eram consideradas, como sonhos, esquecimentos, erros etc., e até a interpretá-las.

Assim, criou a psicanálise. Foi ele que, pela primeira vez, falou de uma vida psicológica na infância.

"Como fica forte uma pessoa quando está segura de ser amada."

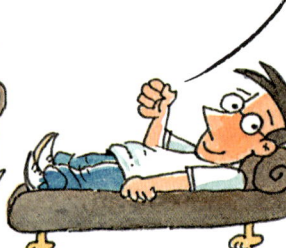

Charles Darwin mudou o modo de compreender a natureza e a origem dos seres. As espécies evoluem e se desenvolvem gradualmente.

Essa evolução acontece, essencialmente, pela seleção natural.

"Não sobrevive a espécie mais forte, mas a que se adapta à mudança."

"A persistência é o caminho do êxito."

Albert Einstein era um gênio. Criou a teoria da relatividade, que estuda a ideia de tempo e de espaço. Por exemplo, se estamos dentro de um carro ou ônibus e olhamos a paisagem lá fora, temos a sensação de que é a paisagem que está se movendo, porque nós, sentados no banco, estamos parados.

"O único lugar onde o sucesso vem antes do trabalho é no dicionário."

"Quem nunca errou nunca experimentou nada novo."

– E aí, já es•tá na ho•ra. Va•mos?

– Aqui tem mais – falou Diógenes, embalado pela curiosidade.

– Va•mos dei•xar pa•ra a•ma•nhã!

– Está bem! Vamos!

Pensando e aprendendo

ESTÁ VENDO? SE VOCÊ FIZER ISSO...	...PENSAR E DIALOGAR COM VOCÊ MESMO...	...E COM OS OUTROS TAMBÉM,
TROCANDO IDEIAS E OPINIÕES...	VOCÊ ESTÁ FILOSOFANDO! / EU?!	QUE FANTÁSTICO!
E FOI! GRAÇAS A VOCÊ, QUE ME MOSTROU O CAMINHO!	OBRIGADO!	ESTOU ATÉ PISCANDO VERMELHO!

Quem gosta de livros de filosofia?

No almoço do dia seguinte estava o maior silêncio. Ninguém começava o papo, para não cair de novo no assunto do "fantasma da biblioteca".

Era para não perturbar o avô, porque, no fundo, ninguém acreditava nessa história de fantasma.

A irmã do Diógenes, que estava desconfiada, até tinha ouvido um barulho na noite anterior e, quando foi correndo ver o que era, viu Diógenes voltando do jardim e ainda falando tchau para, imagine só, um vaga-lume.

"Nesta casa só dá doidos", ela pensou, e voltou para o quarto.

Foi o próprio avô que quebrou o silêncio.

– Diógenes, depois da nossa conversa sobre o Platão, cheguei à conclusão de que você gosta muito de filosofia, não gosta?

– Acho fascinante – respondeu Diógenes. – Quando crescer e for para a universidade, quero estudar filosofia.

– Gostei de ouvir, menino. E se você não fosse tão jovem, eu até emprestaria uns livros interessantíssimos que tenho na biblioteca.

– Eu adoraria, vô!

– Você já esteve, por acaso, na minha biblioteca?

Diógenes, que não sabe mentir, quase entregou. Mas a irmã falou antes.

– Ele é que não foi, vô. Eu vi o doido andando pelo jardim conversando com vaga-lumes.

– Doida é você! – disse Diógenes, aliviado e agradecendo mentalmente a irmã.

– E o que há de errado? – falou o pai. – Eu também, quando era menino, tinha amigos imaginários com quem conversava.

– Não é isso! – falou a avó. – É que ficar rodando pelo jardim tão tarde é perigoso, sem contar que o sereno faz mal à saúde.

– Não se preocupe, vó, ele está louco para apanhar um resfriado, faltar à aula e ser paparicado pela mãe – falou o irmão maior.

– É melhor não se meter – interrompeu a irmã.

– Deixa pra lá! – continuou o avô. – E, depois, se por acaso algum "fantasma" estiver entrando e saindo da biblioteca, deixando tudo como estava, sem bagunçar nada, deve ser um "fantasma" inteligente, que quer saber das coisas, e educado, por sinal.

– É verdade – respondeu Diógenes.

O assunto acabou, e todos continuaram comendo em silêncio.

Cheio de surpresas

Naquela noite, de novo, como da primeira vez, uma sombra e uma luz piscante subiram a escada e atravessaram o corredor que dava para a porta da biblioteca do vovô.

– Pe•gou o gram•po?

– Peguei!

Como da outra vez, Diógenes e o vaga-lume abriram a porta da biblioteca sem fazer barulho algum...

– É pra cá – disse o vaga-lume.

De repente, ouviram um barulho de chave na fechadura, e a porta da biblioteca abriu.

Diógenes correu atrás da estante mais próxima para se esconder, mas ela veio abaixo, derrubando todos os livros em cima dele.

O vaga-lume, pelo susto, ficou com a luz acesa e não conseguiu apagá-la mais.

– Shhhh! Senão a vovó vai acordar e vai ser um escândalo – falou o avô.
E acendeu a luz.

Diógenes quis sumir!

– Desculpe, vô, desculpe mesmo!

E sem saber o que dizer ou fazer, começou a chorar.

O avô olhou Diógenes e riu baixinho para não fazer barulho.

– Está certo, no fim só podia ser você mesmo!

– Juro que não vou mais fazer isso!

– Não, nada disso, querido. Eu até que estou gostando. Estou adorando constatar que era você mesmo o tal "fantasma" que se interessa por filosofia. E que percebe a importância dela.

– Isso eu entendi, vô. Entendi que os grandes pensadores ajudaram muito a mudar o mundo.

– É, até porque a filosofia nos ensina que podemos ser melhores com a gente mesmo e com os outros – disse o avô.

– E que, se todos nós melhorássemos e fôssemos mais conscientes, o mundo com certeza seria melhor...

– Muito bem! – falou o avô e até bateu palmas, bem baixinho.

– E agora gostaria de saber como é que você conseguiu entrar na biblioteca com a porta e as janelas bem fechadas.

– Com isto – falou Diógenes, mostrando o grampo – e com a ajuda do meu amigo aqui – apontando para o vaga-lume.

– Mui•to pra•zer! – falou o vaga-lume.

O queixo do avô caiu lá embaixo.

– Um vaga-lume?! Que fala?!

– Pois é, vô. Em muitas histórias tem bicho que fala, o senhor sabe bem disso...

– É verdade, mas nunca tinha visto um que falasse desse jeito!

– Ele é um vaga-lume, vô, fala piscando.

– É mesmo!

– E foi ele quem me levou para a biblioteca e me mostrou como entrar... Quer ver?

E os dois mostraram para o avô como faziam para entrar na biblioteca.

Novamente, o queixo do avô caiu lá embaixo. Em seguida começou a rir e rir, com a mão tapando a boca. Diógenes e o vaga-lume acabaram caindo na gargalhada também.

– Mais baixo – disse o avô. – Desse jeito vamos acabar acordando todo mundo!

Voltou o silêncio.

– Então, já que estamos aqui – disse o avô –, vamos continuar. Só vou apagar a luz para ninguém desconfiar.

E assim...

No dia seguinte, logo cedo, na hora do café da manhã, a avó do Diógenes estranhou alguma coisa:

– O que é isso, menino?! Tem um bicho em cima de você!

– É um vaga-lume – respondeu Diógenes.

– Não falei que ele andava com vaga-lumes e até conversava com eles?!

– E precisava trazer para dentro de casa? – continuou a avó.

– Ele é meu amigo.

– Estes dois vão longe – falou o avô.

– O quê?

Todos ficaram se olhando.

O avô piscou para o Diógenes, que piscou para o vaga-lume, que piscou também, com a luzinha dele.

– Bando de doidos! – falou a mãe.

Naquela noite, duas sombras e uma luz piscante subiram a escada e atravessaram o corredor que dava para a porta da biblioteca...

Carolina Michelini, a autora dos textos

Carolina Michelini nasceu em Joinville, Santa Catarina, mas viveu em vários lugares e viajou um bocado! Hoje divide sua vida entre Brasil e Itália.

Formou-se em Psicologia, especializou-se em Psicopedagogia e estudou Filosofia. Carolina é também musicista e toca violoncelo.

De toda essa vivência, veio a vontade de falar das coisas que ela aprendeu e acha fundamentais. A liberdade, o amor, a arte e, principalmente, a importância de experimentar a vida em toda a sua beleza e riqueza.

E são essas as reflexões que ela propõe em seus livros, de forma leve e até divertida.

Michele Iacocca,
o autor das ilustrações

Michele Iacocca nasceu na Itália e foi lá que deu início aos estudos de literatura clássica. Sempre se sentiu atraído por toda e qualquer manifestação de arte, como cinema, teatro, literatura, desenho, pintura etc., bem como pelo humor em geral.

Por volta dos 20 anos, depois de rodar um pouco pela Europa, decidiu conhecer o outro lado do mundo e acabou vindo para o Brasil. Chegando aqui, retomou seus estudos em artes plásticas na FAAP.

Trabalhou em agências de publicidade e editoras até 1973, quando publicou seu primeiro livro, *Eva* (Ed. Massao Ono), premiado pela crítica e publicado também na Europa. Continuou durante muitos anos publicando ilustrações, charges, cartuns e tiras nos principais jornais e revistas do país.

Nos anos 1980 começou a escrever e ilustrar para crianças e adolescentes. Como autor, coautor e ilustrador, contabiliza mais de 250 livros. Ganhou muitos prêmios ao longo da vida.